Playtime 陪伴鋼琴系列

拜爾 鋼琴教本

第二級 Level 2

樂理說明｜何真真、劉怡君

插圖設計｜Pencil

製作統籌｜吳怡慧

樂譜製作｜史景獻、陳韋達、沈育姍

美術編輯｜沈育姍、陳以琁

出版發行｜麥書國際文化事業有限公司
　　　　　台北市羅斯福路三段325號4F-2
　　　　　TEL：886-2-23636166
　　　　　FAX：886-2-23627353

http：//www.musicmusic.com.tw

郵政劃撥帳號｜17694713

戶名｜麥書國際文化事業有限公司

中華民國101年11月 初版

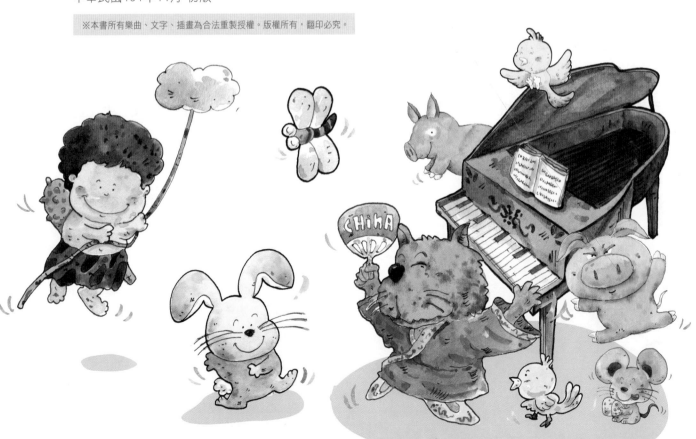

編者的話

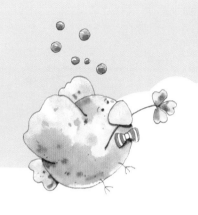

由德國作曲家、鋼琴家費迪南德・拜爾（1803—1863）譜寫的《鋼琴基本教程》被人們簡稱為「拜爾」，一百多年來成為鋼琴初學者的啟蒙教材並廣為流傳，至今仍是鋼琴教師使用最多的初級鋼琴教材，其受到廣泛使用的原因是，無論在彈奏或是樂理知識上，它極具系統性並循序漸進、由淺入深，好入門、也涵蓋各種鋼琴的彈奏技巧。

在彈奏技巧上，從加強手形、身體與手位、指法、視譜、觸鍵、節奏音形、音階、音群等訓練；樂理知識內容有：大小調音階、半音階練習以及雙音、三連音、倚音、單手、雙手、三手、四手聯彈等各種練習曲，其旋律優美、節奏鮮明的簡短小曲共有109首，所以在技術性和音樂性等結合方面，都不失為一本學習鋼琴演奏的優秀初級教材。

但由於現代人的需求，原版的編排顯得較枯燥乏味，所以編者在此重新編寫與改版，補足原有講解上的不足，使之更適用於各階段的初學者，我們將之分為共五級，在補強上面有以下的重點：

（1）專闢篇章講解樂理並加入譜例（如拍子、拍號、術語、調性、終止式…），使學生更易明白。
（2）各種彈奏技巧（斷奏、圓滑奏、和弦、音階轉指、裝飾音…）並另外設計簡短練習譜例，使學生更易理解。
（3）色彩鮮明頁面生動活潑，更有精製的插畫讓學生有豐富的視覺享受。
（4）加入知識加油站及音樂家生平小故事，使學生擁有更多的音樂歷史知識
（5）製作教學示範DVD，由編者二位老師親自為學員示範手形、身體與手位、指法等，與所有的曲目演奏示範，非常適合自學的學員或是有老師的學生在家複習的好幫手。

此外由我們二位編者所編著的「Playtime併用曲集」與「拜爾教本」的訓練相輔相成，都是耳熟能詳的中外經典名曲或是民謠，又有音樂CD的伴奏搭配極具音樂性，更因此建立對風格的認識，建議老師或是自學者搭配使用效果更佳。

編者 何真真、劉怡君 謹

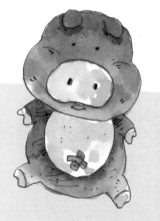

編者簡歷

何真真　　美國Berklee College of Music爵士碩士畢，現任實踐大學兼任講師；也是音樂創作人、製作人，音樂專輯出版有「三顆貓餅乾」、「記憶的美好」，風潮唱片發行；書籍著作有「爵士和聲樂理」與「爵士和聲樂理練習簿」；也曾為舞台劇、電視廣告與連續劇創作許多配樂。

劉怡君　　美國Berklee College of Music畢，從事鋼琴教學工作多年，對於兒童音樂教育有豐富的經驗。多次應邀擔任爵士鋼琴大賽決賽評審，也曾為傳統劇曲製作配樂。

陪伴鋼琴系列
拜爾鋼琴教本《第二級》

目錄

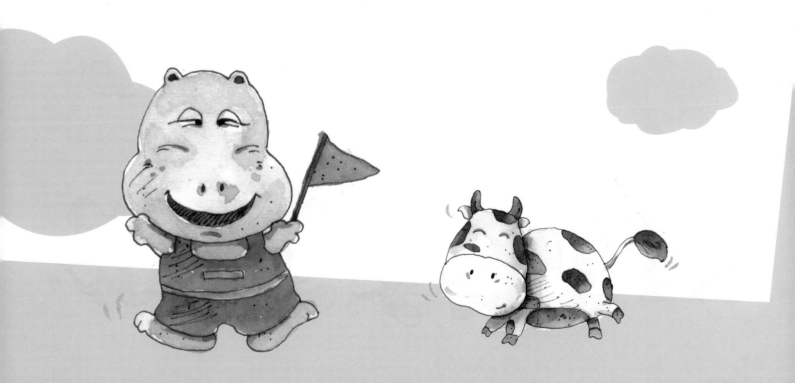
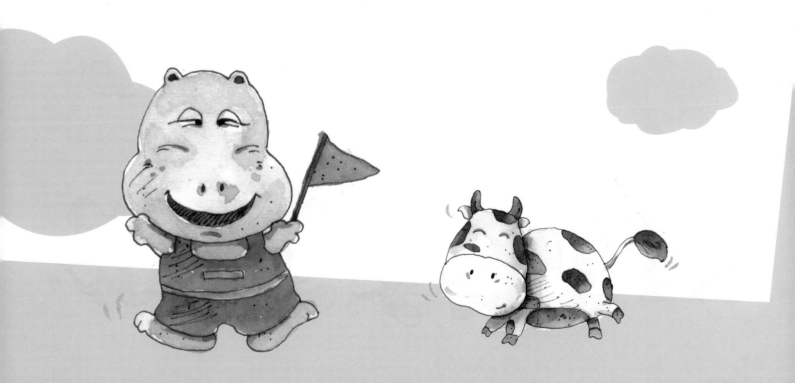
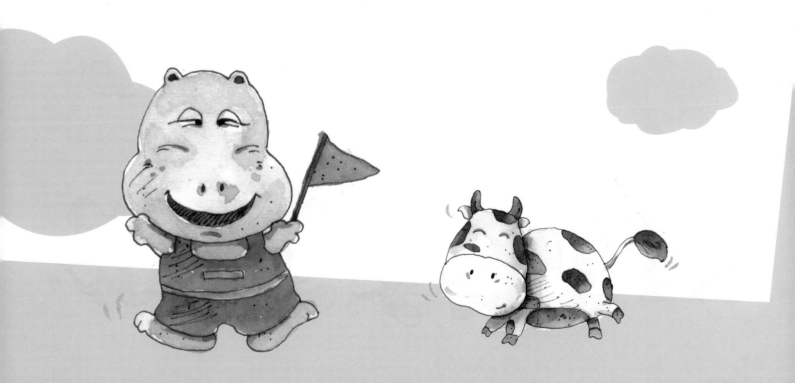
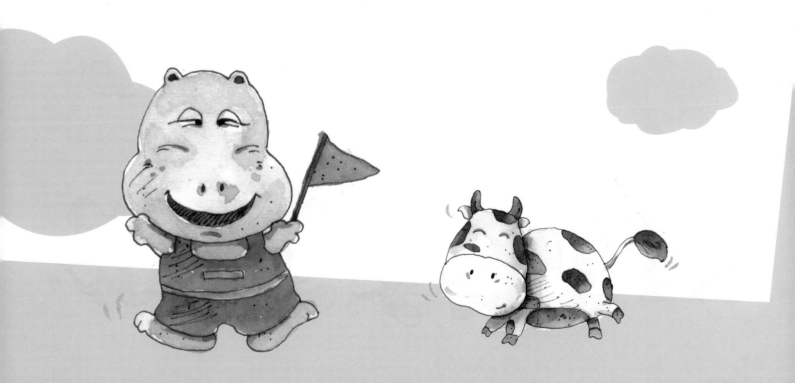
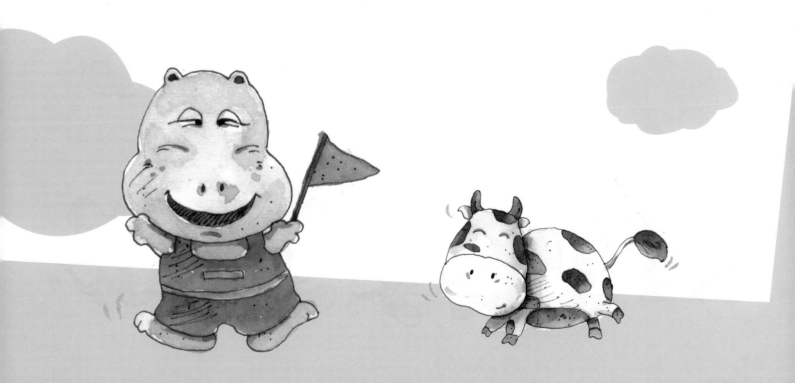
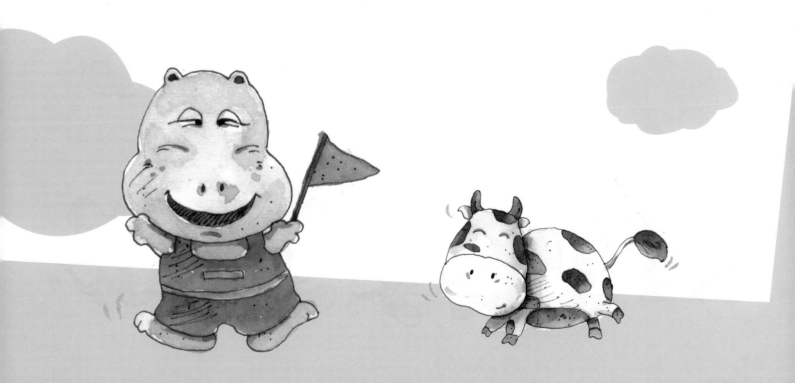
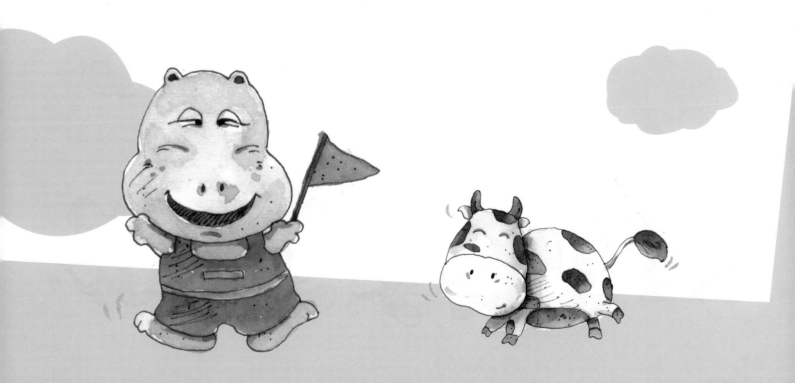

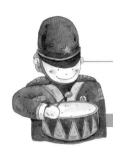

拍子記號

簡稱拍號，表示每小節有多少拍。

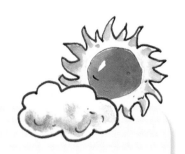

上面的2，代表每小節有2拍

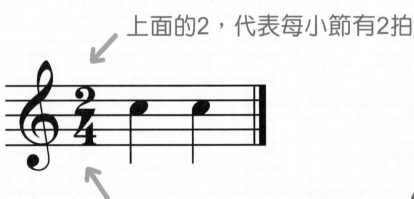

下面的4，代表以四分音符( )為一拍

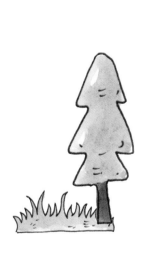

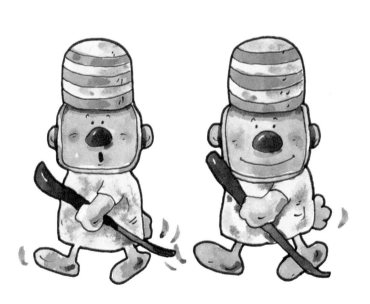
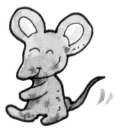

練習 1

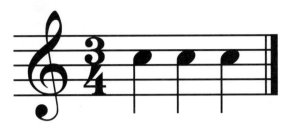

每小節有(　　)拍，
以(　　　　　)為一拍。

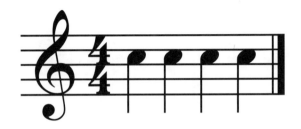

每小節有(　　)拍，
以(　　　　　)為一拍。

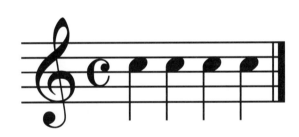

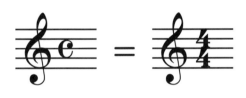

所以每小節有(　　)拍。

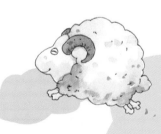

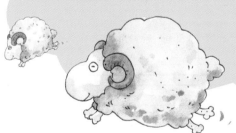

Moderato（中版）：
以中庸的速度演奏，速度約在 ♩ = 90～103

Moderato

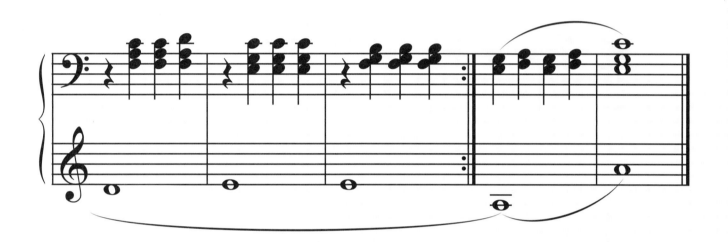

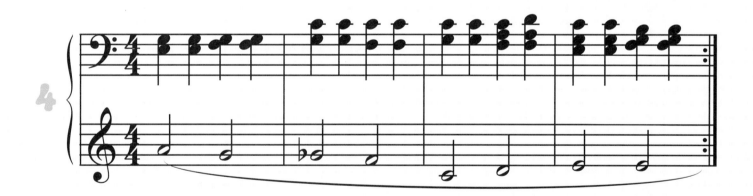

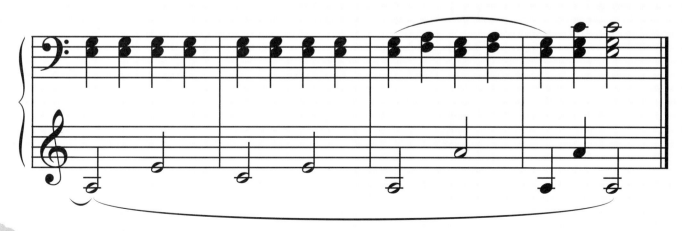

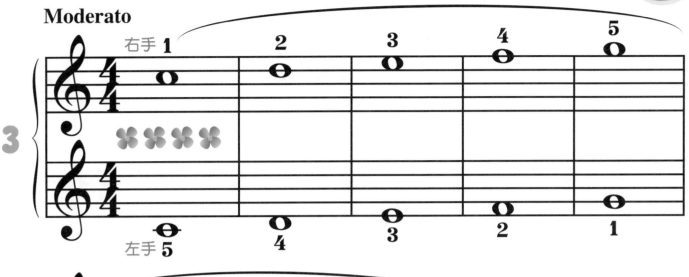

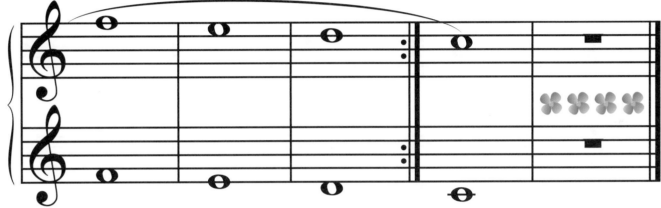

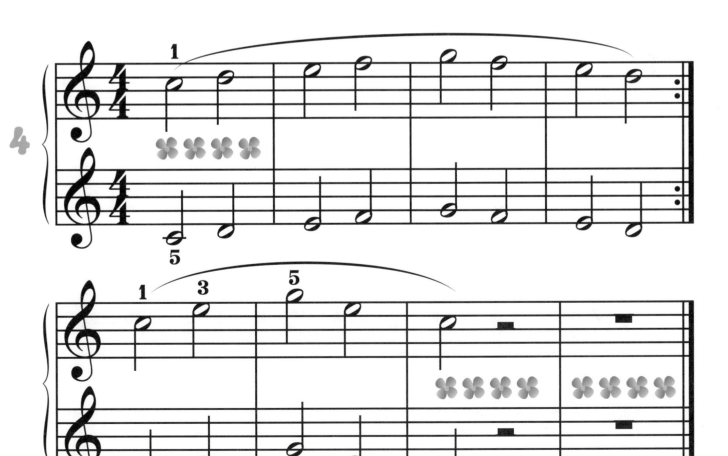

Moderato

3

Moderato

4

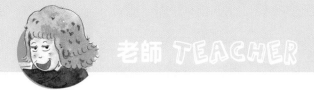 老師 *TEACHER*

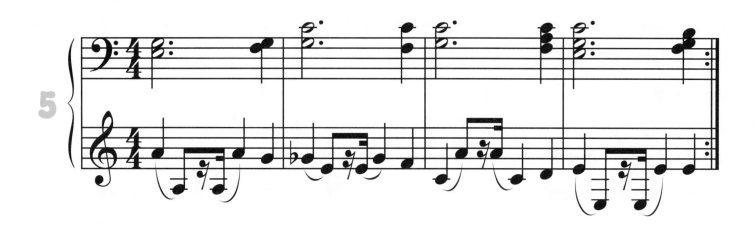

5

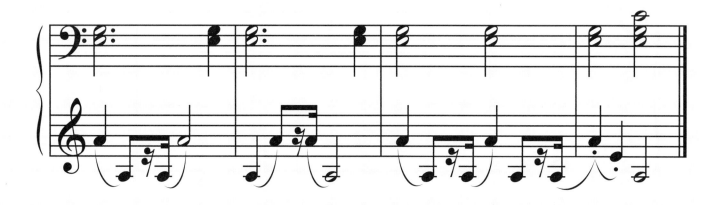

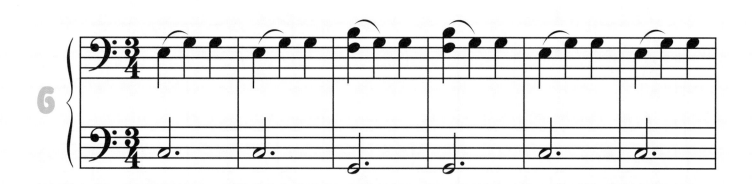

6

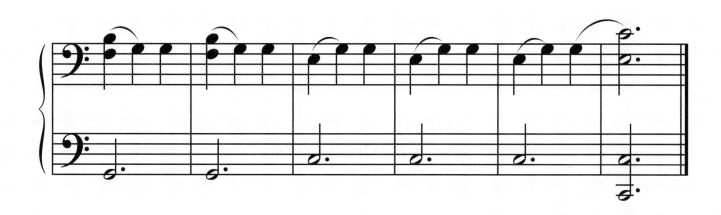

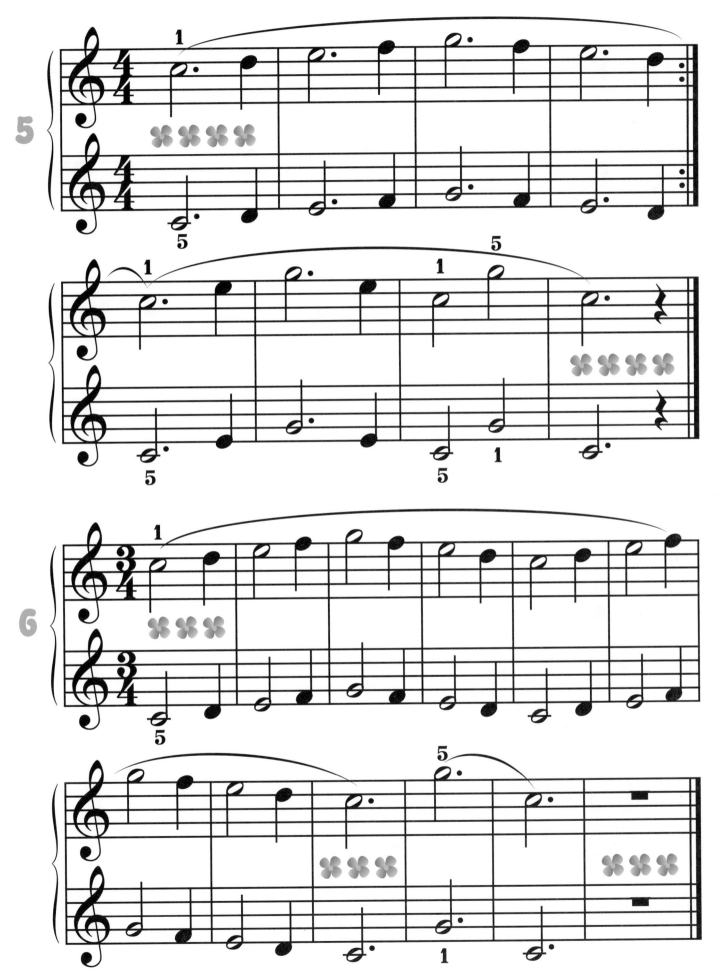

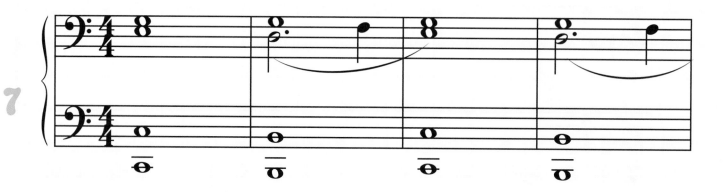

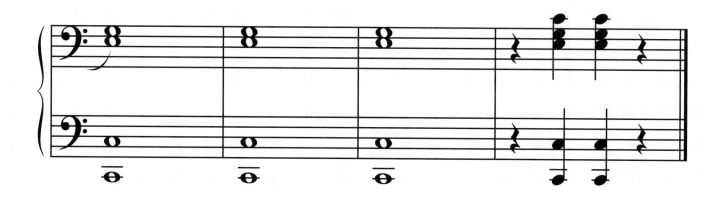

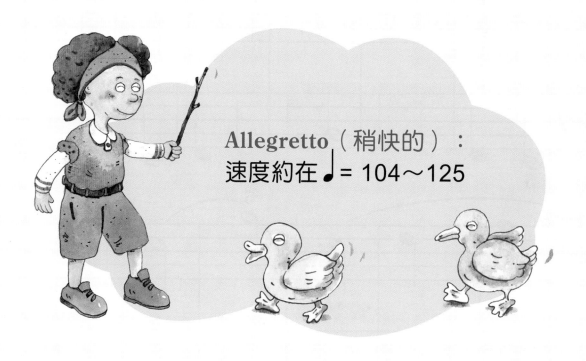

Allegretto（稍快的）：
速度約在 ♩ = 104～125

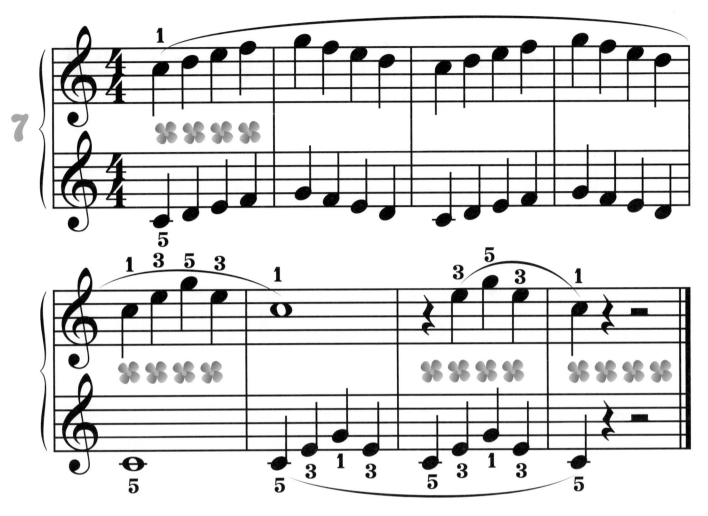

Comodo（普通的速度、輕鬆地）：
以普通、輕鬆速度演奏

8

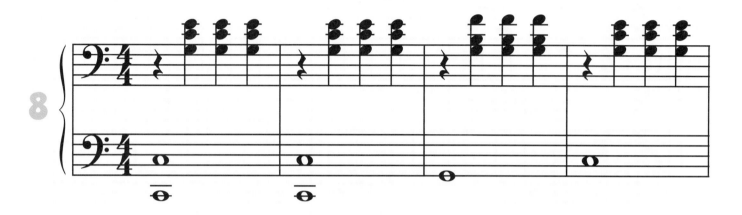

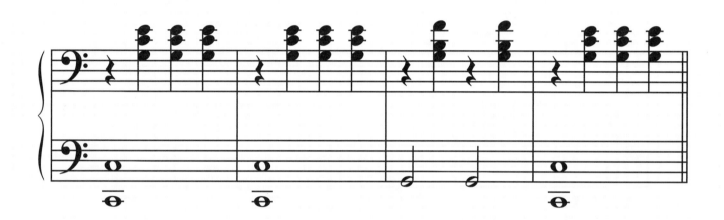

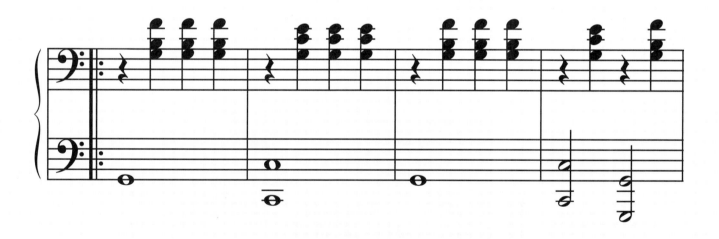

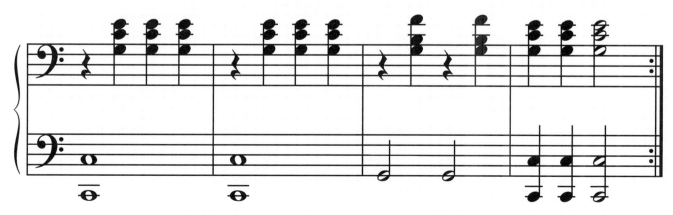

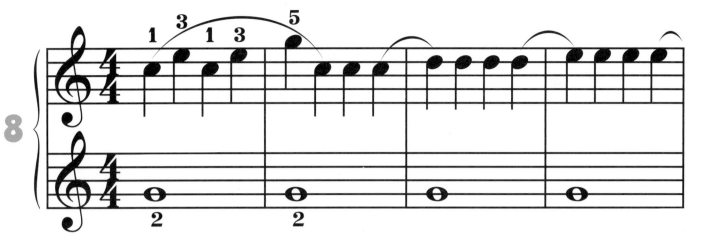

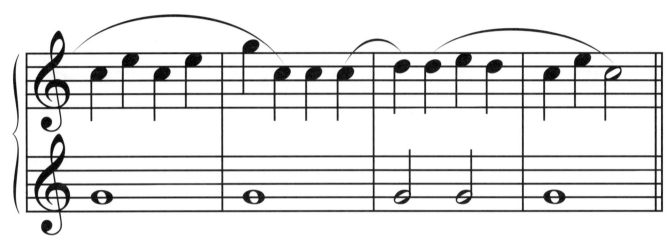

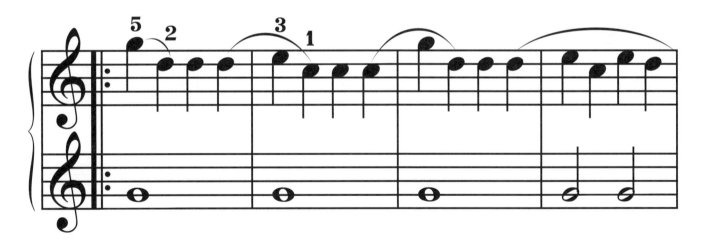

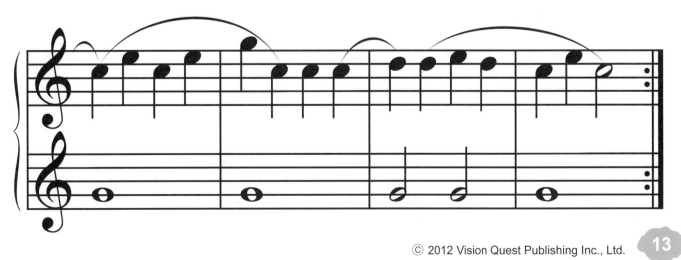

Allegretto

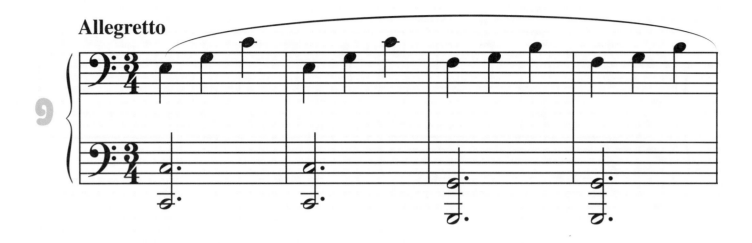

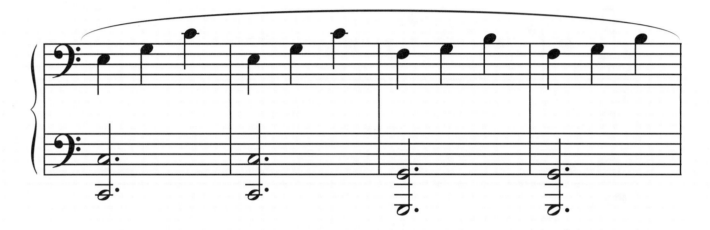

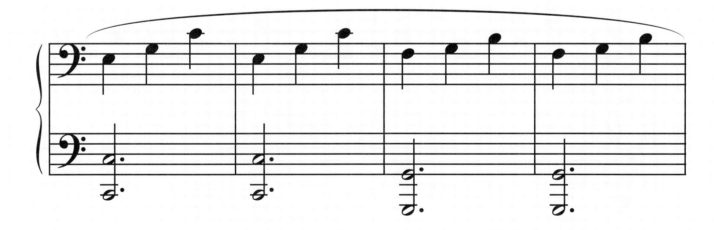

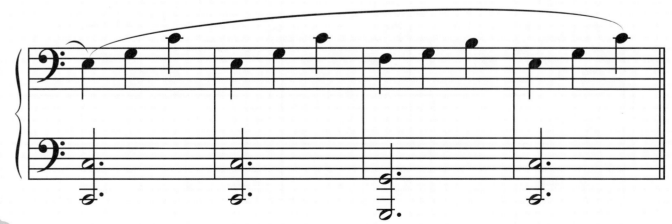

Allegretto

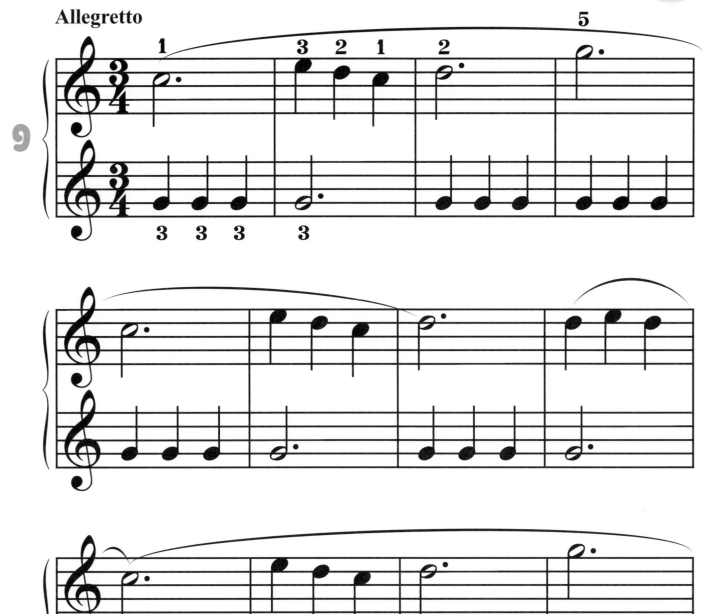

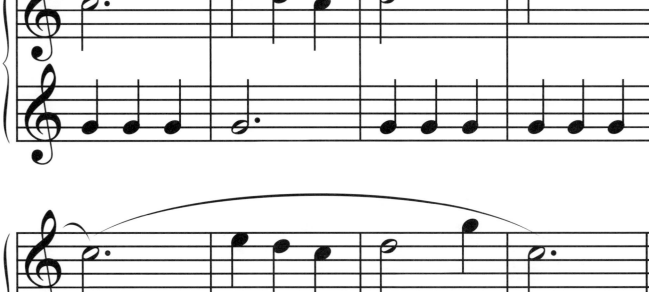

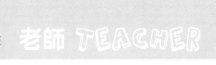

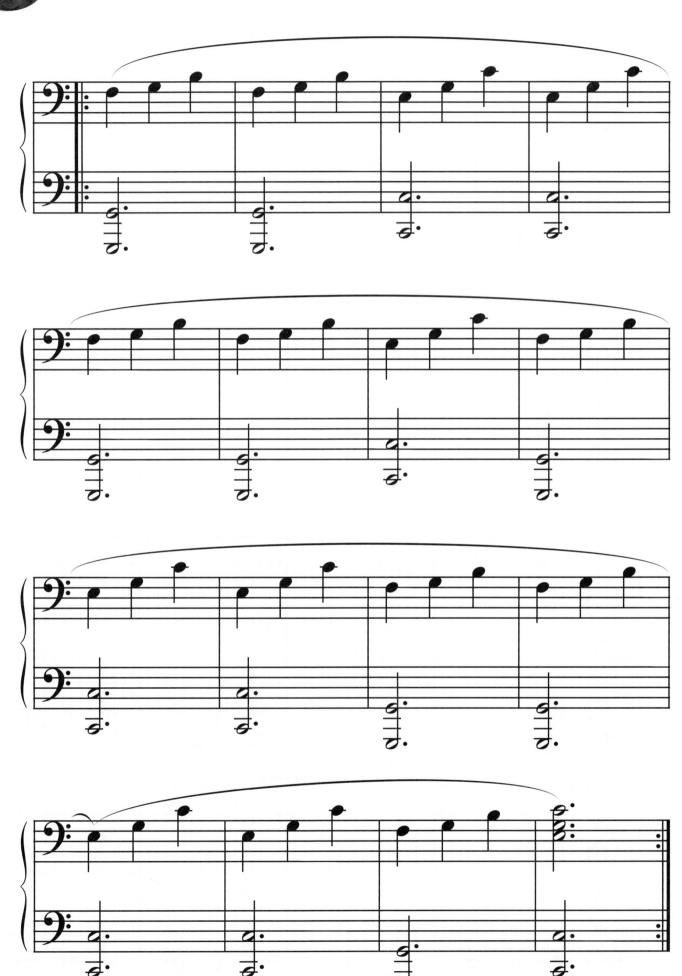

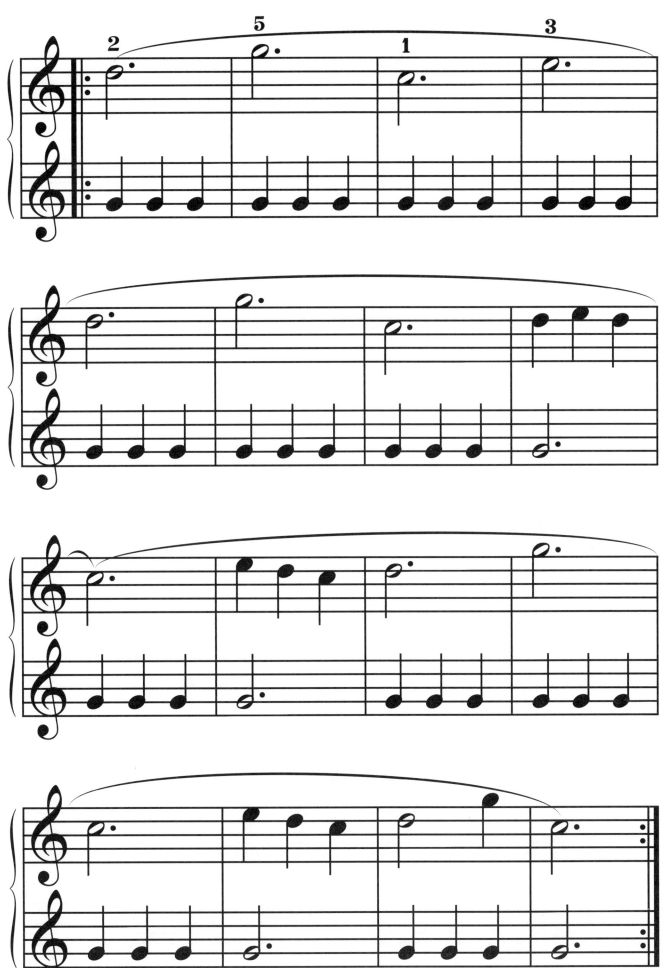

17

Comodo

10

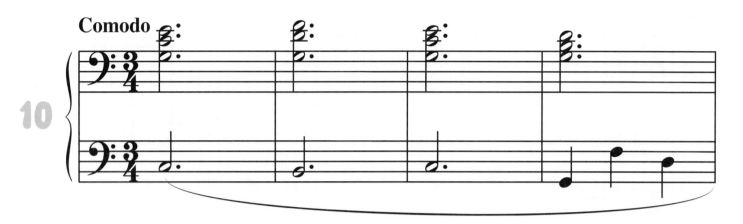

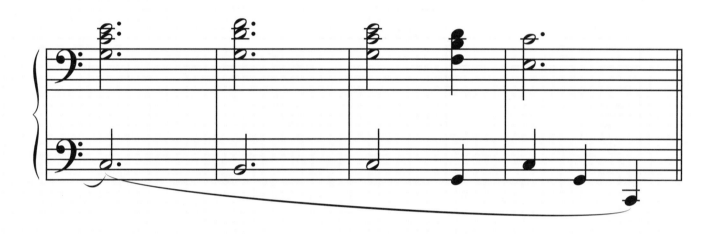

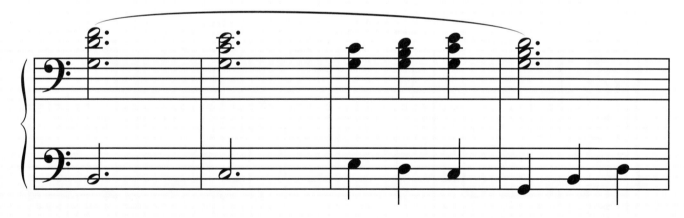

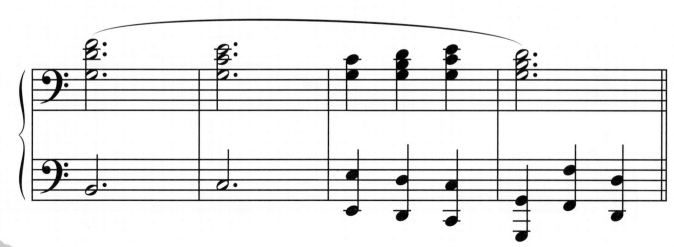

Comodo

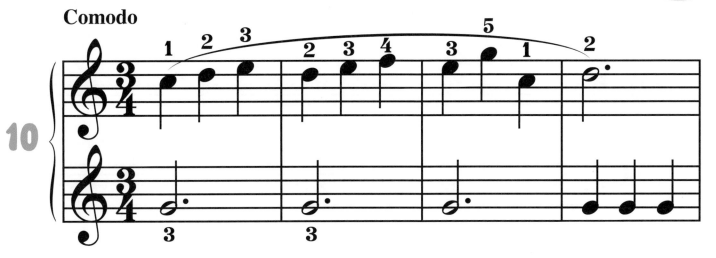

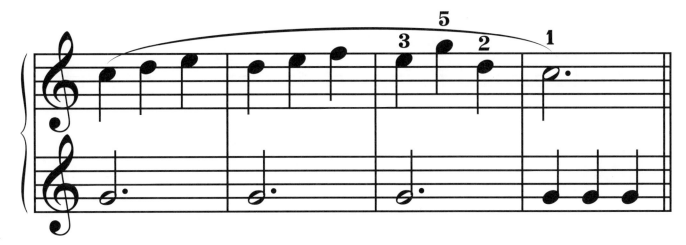

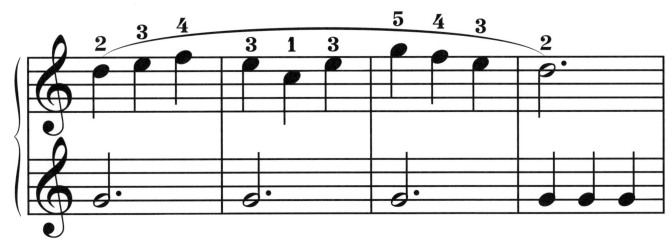

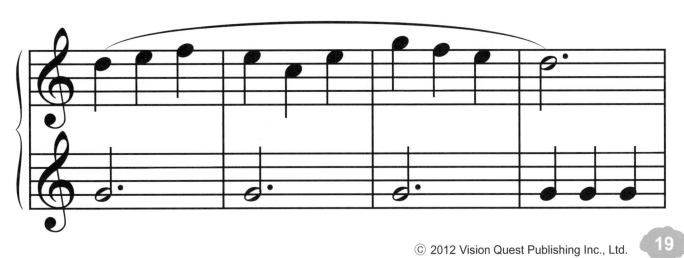

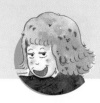

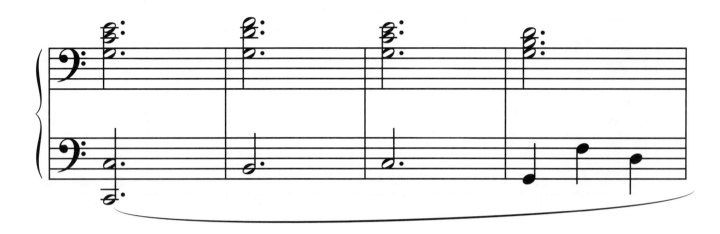

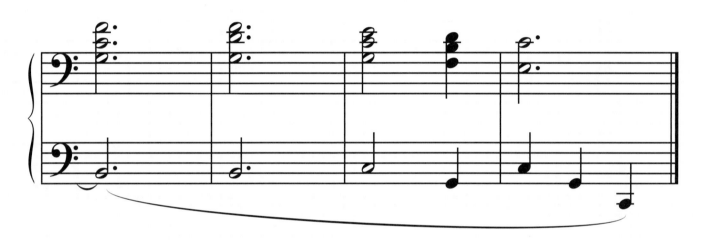

翻譜的技巧：

腦袋要一心二用喔，一方面彈奏，一方面眼睛趕快往後看並記住頁面最後幾個小節的音符(如P.19)，如果右手的拍子比較長、比較不忙就用右手翻譜，如果左手不忙就使用左手來翻，第19頁我們用右手翻，但是要等左手彈完3個G音才翻頁喔，也可以把紙張邊緣稍為向上摺一小角，避免紙張黏在一起卡住而翻錯頁嚕！

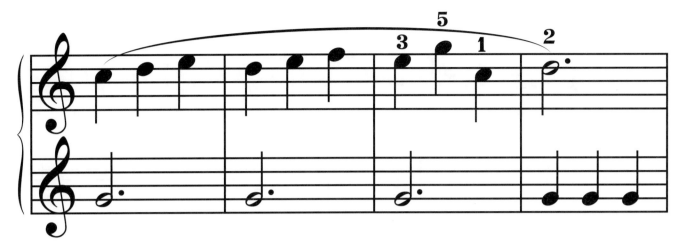

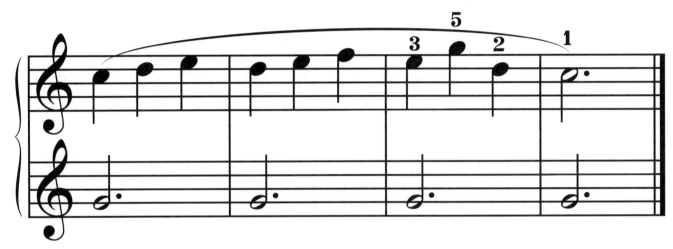

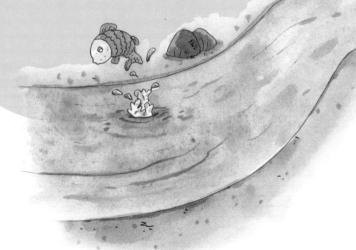

小朋友，你好棒喔！
已經彈會10首了喔！
彈琴的時候，都在想些什麼呢？

Moderato

11

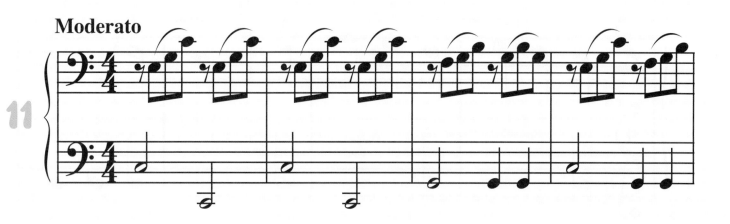

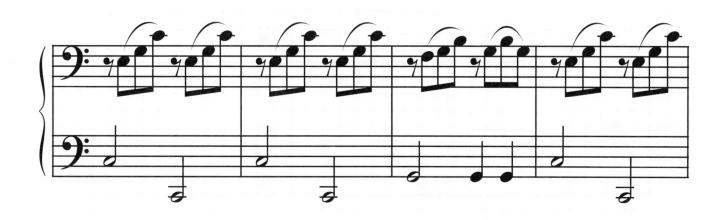

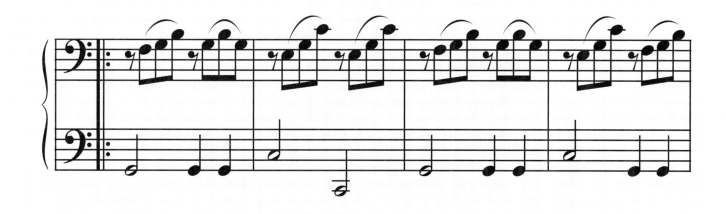

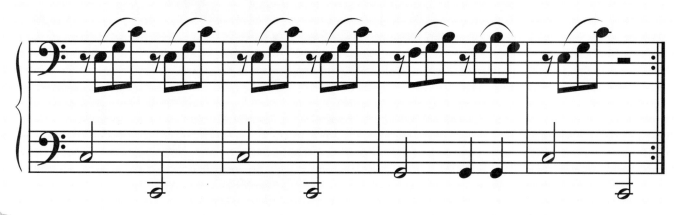

Moderato

11

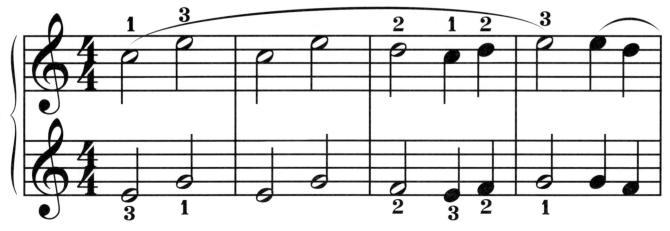

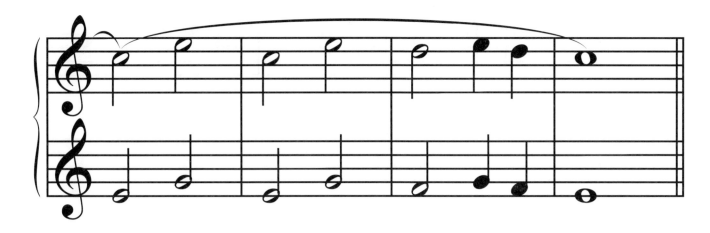

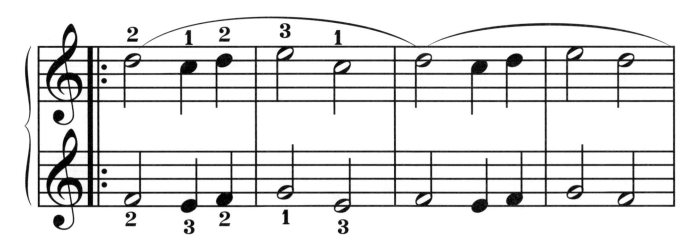

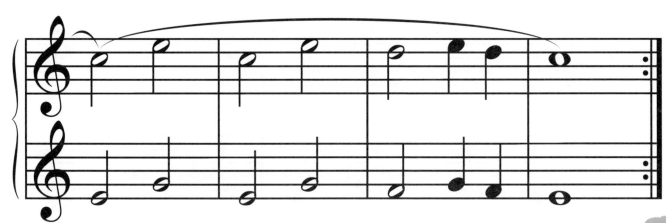

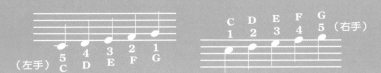

學生 STUDENT

Moderato

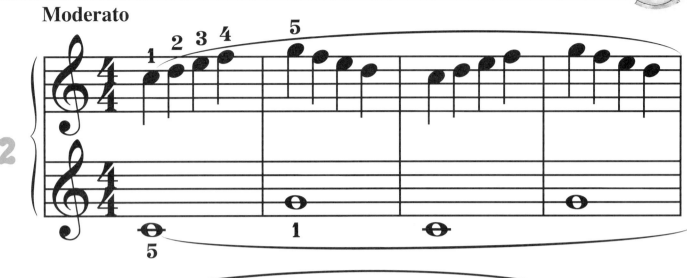

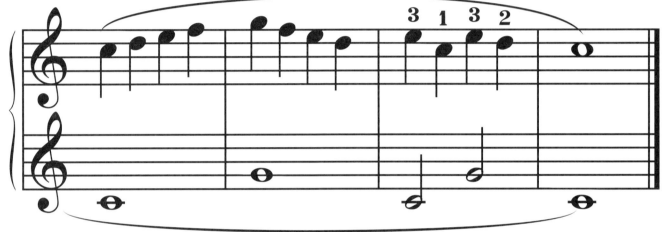

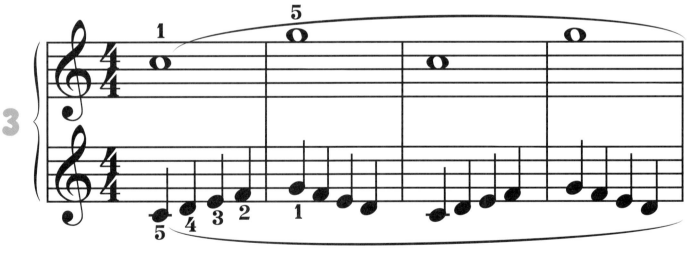

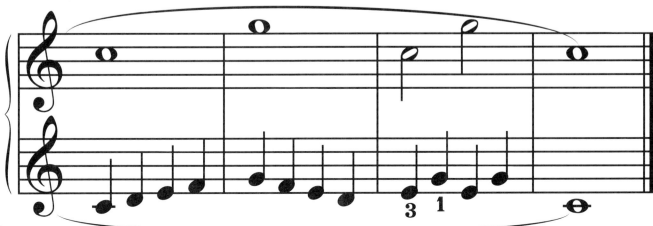

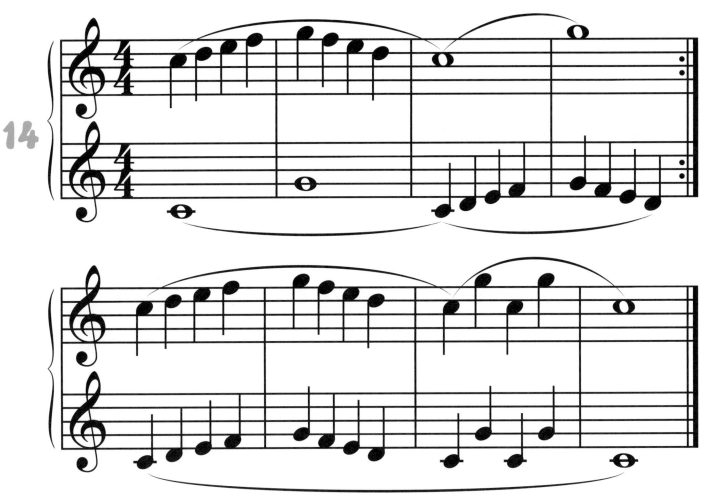

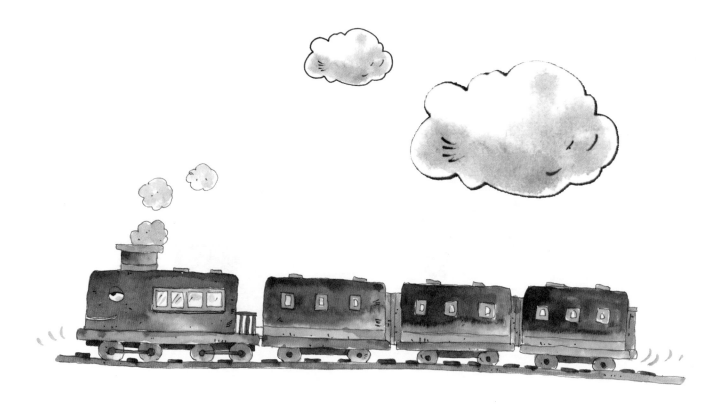

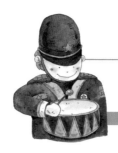

斷奏彈奏講解

斷奏就是短而斷的彈奏。彈奏時音與音之間互相斷開。

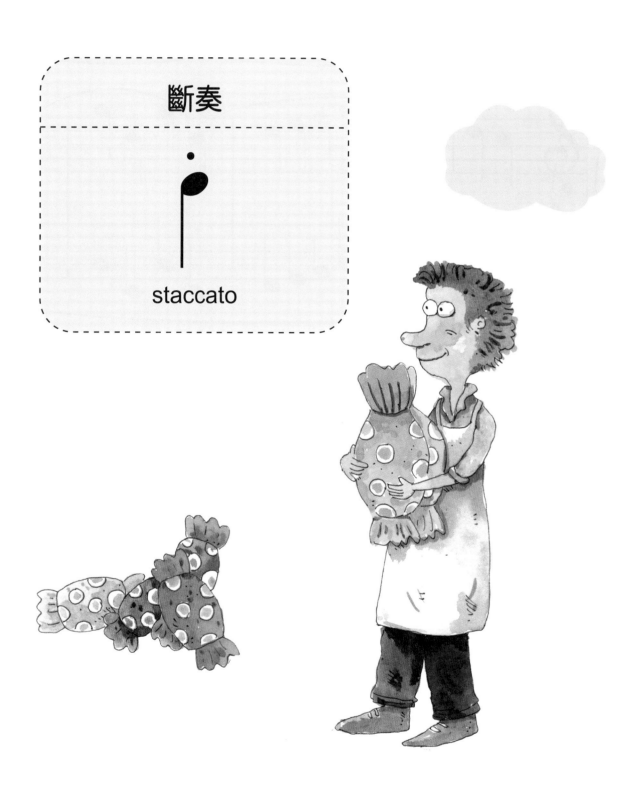

斷奏

staccato

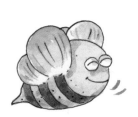
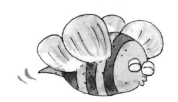

1 斷奏（staccato）

音符長度縮短大約一半

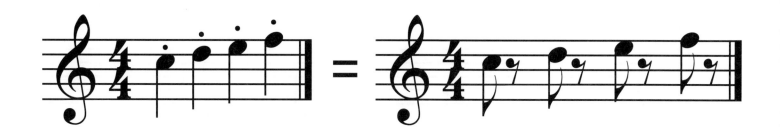

2 次斷音（mezzo staccato）

音符長度縮短較少，介於連奏（Legato）與斷奏（Staccato）之間的奏法，長度大約是3/4長度。

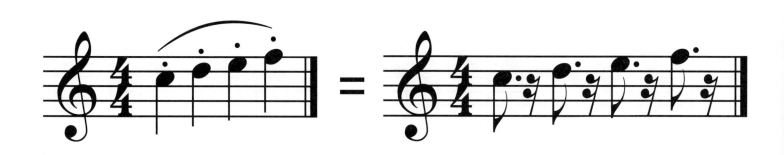

15

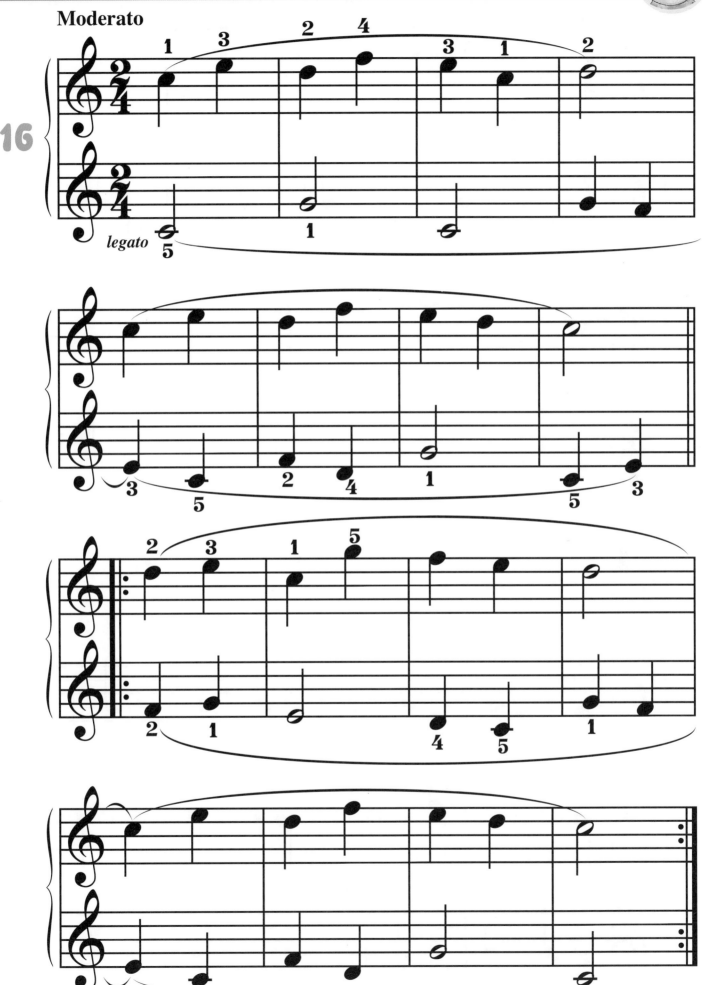

Allegretto

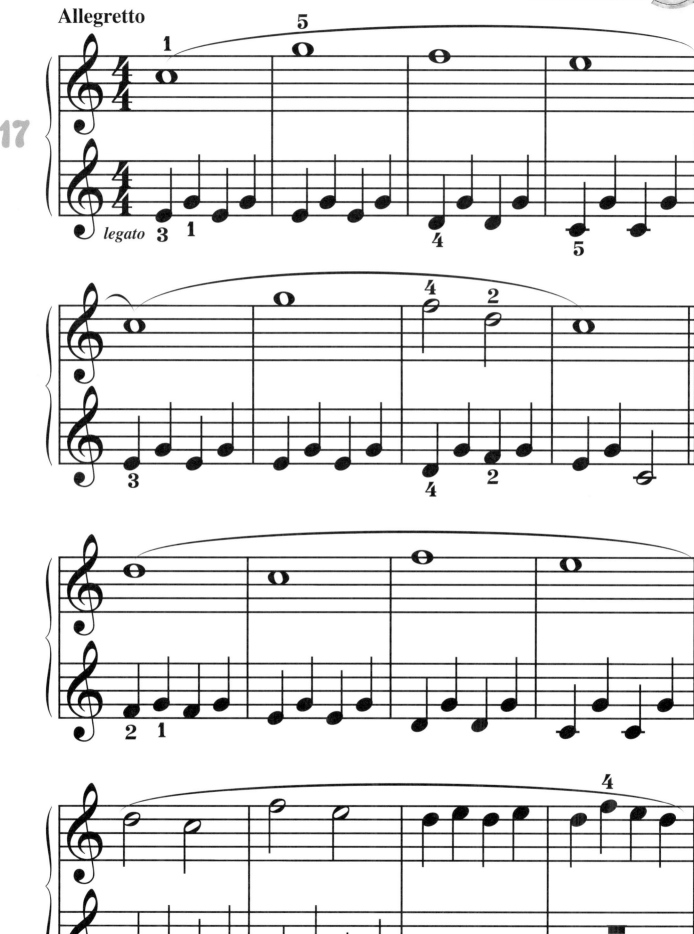

© 2012 Vision Quest Publishing Inc., Ltd.

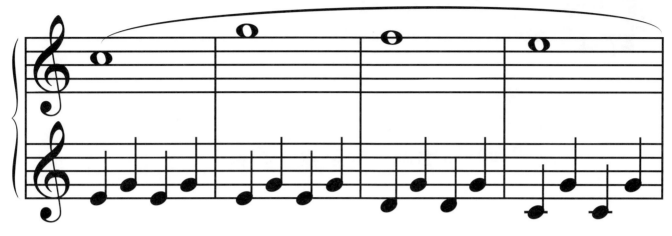

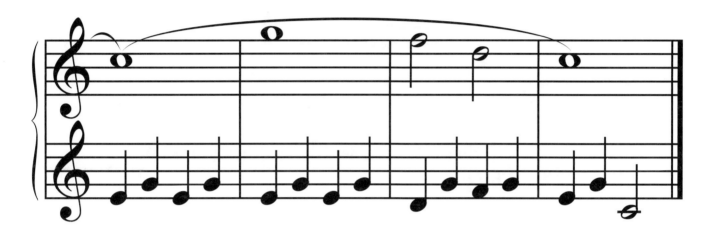

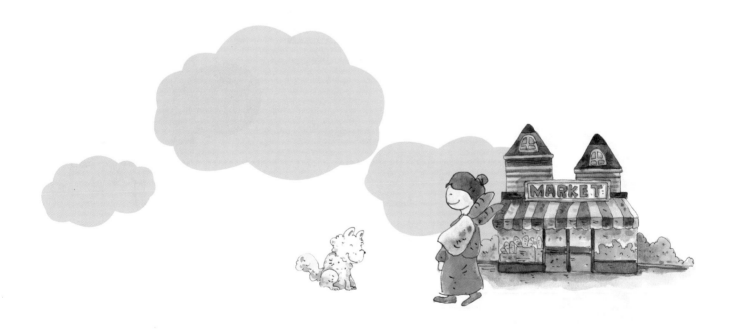

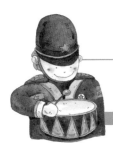

和聲與和弦

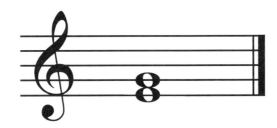

和聲

兩個音同時出現，稱之為「和聲」。

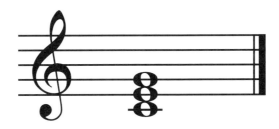

和弦

三個以上的音依三度疊起排列而成的和聲，
稱為「和弦」。

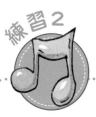

練習2

彈彈看：

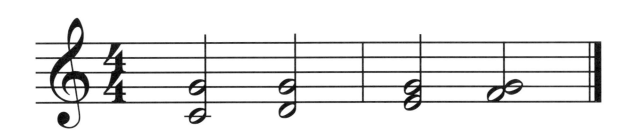

Allegretto

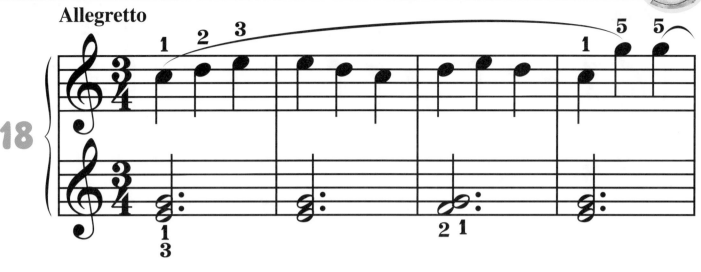

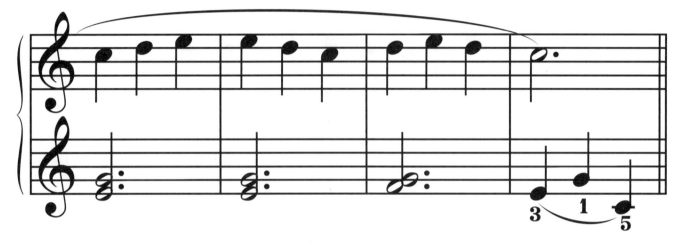

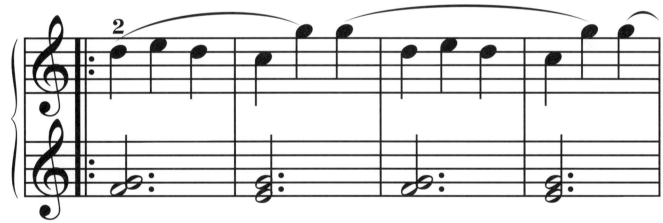

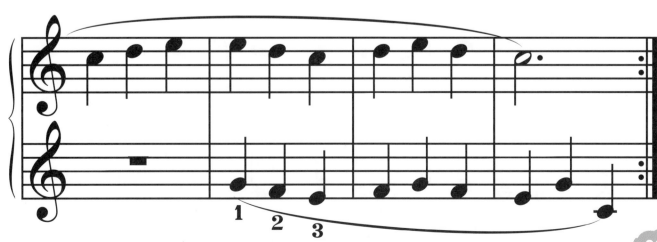

Allegretto

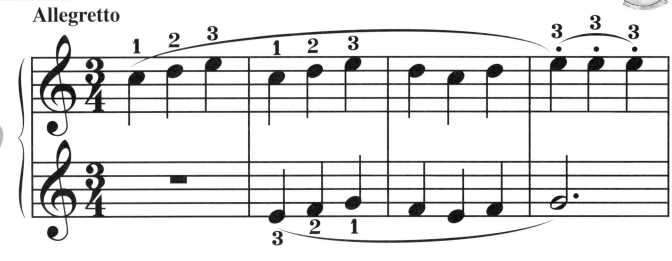

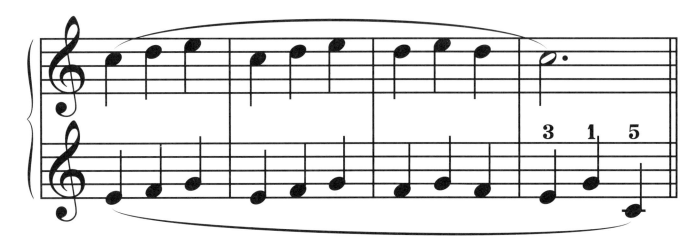

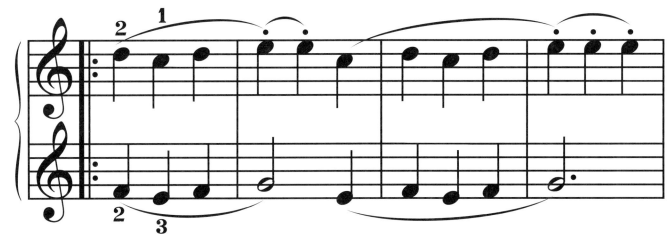

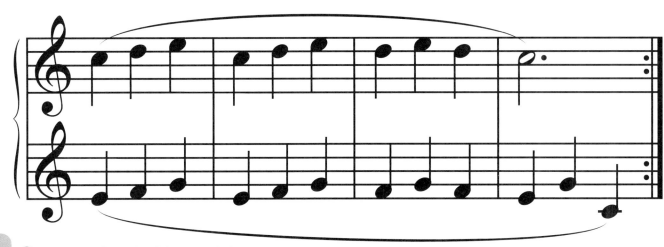

Allegretto

20

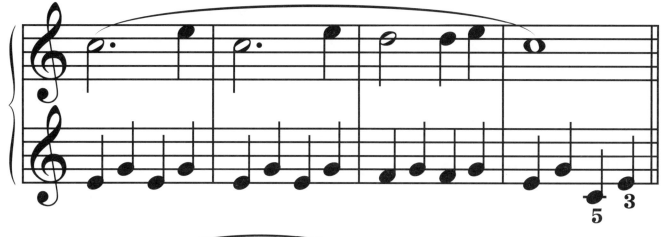

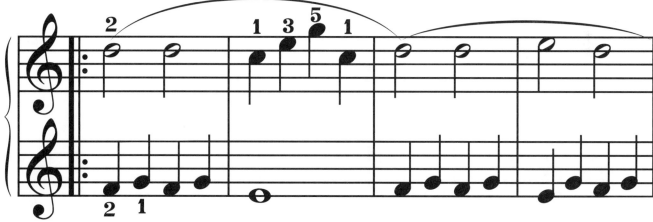

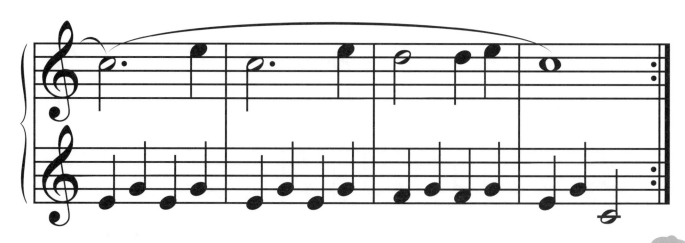

35

Mederato

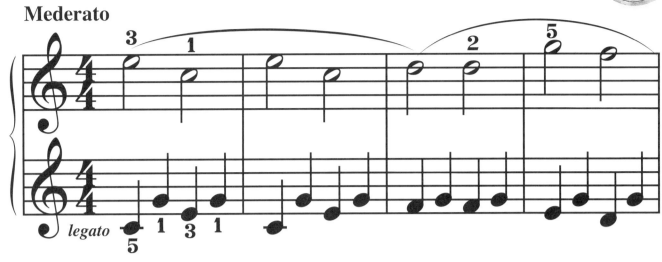

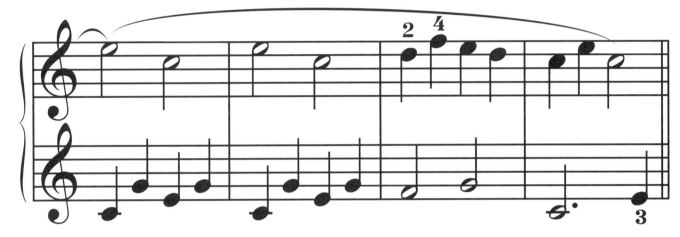

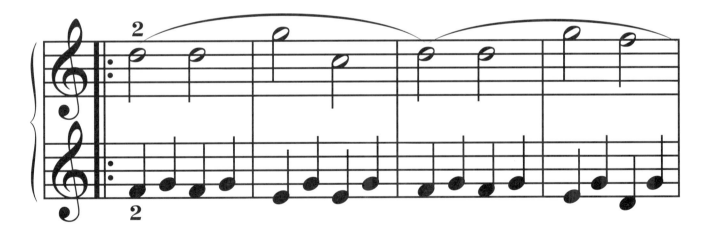

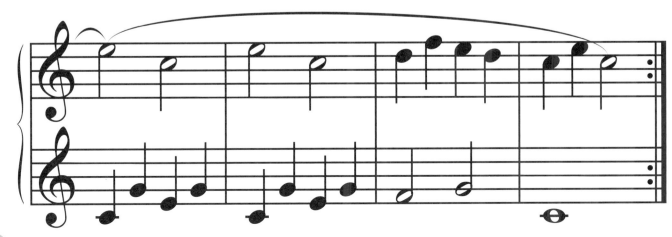

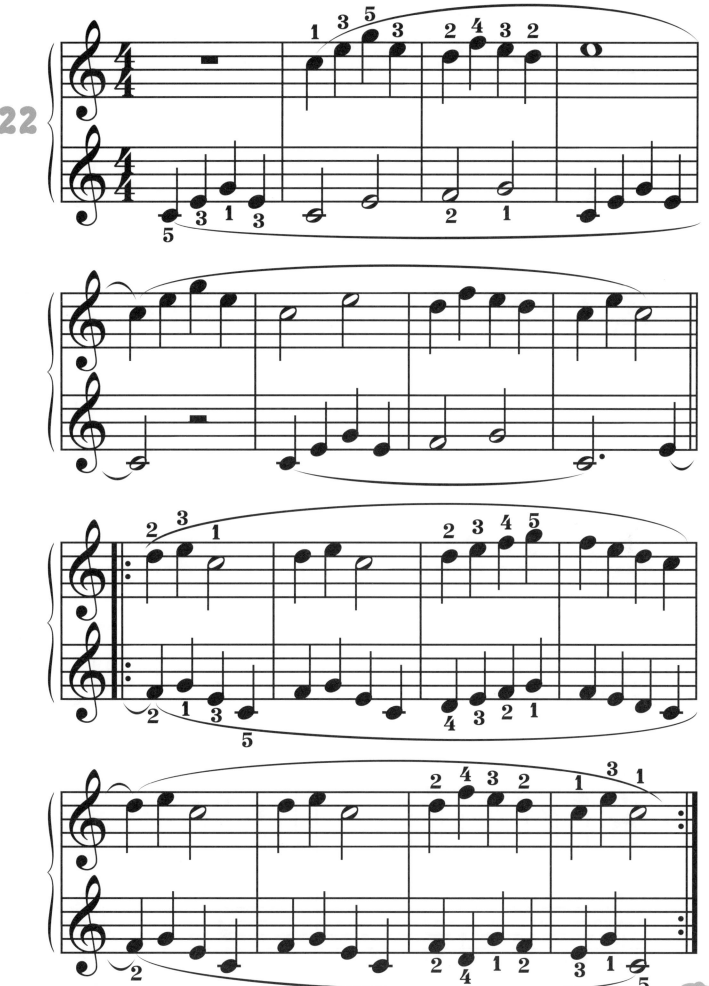

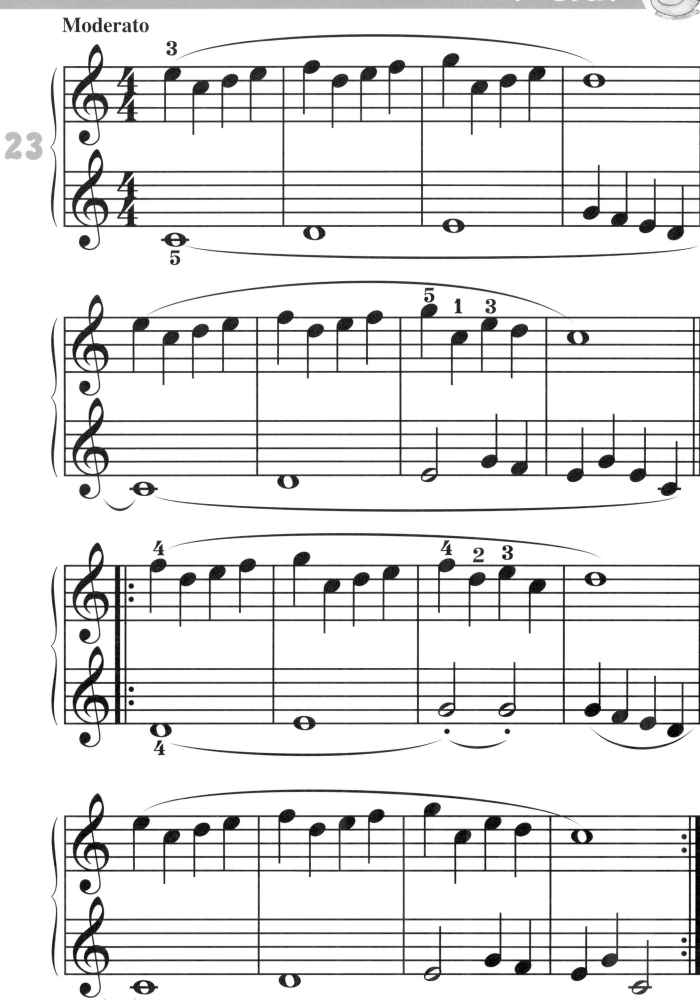

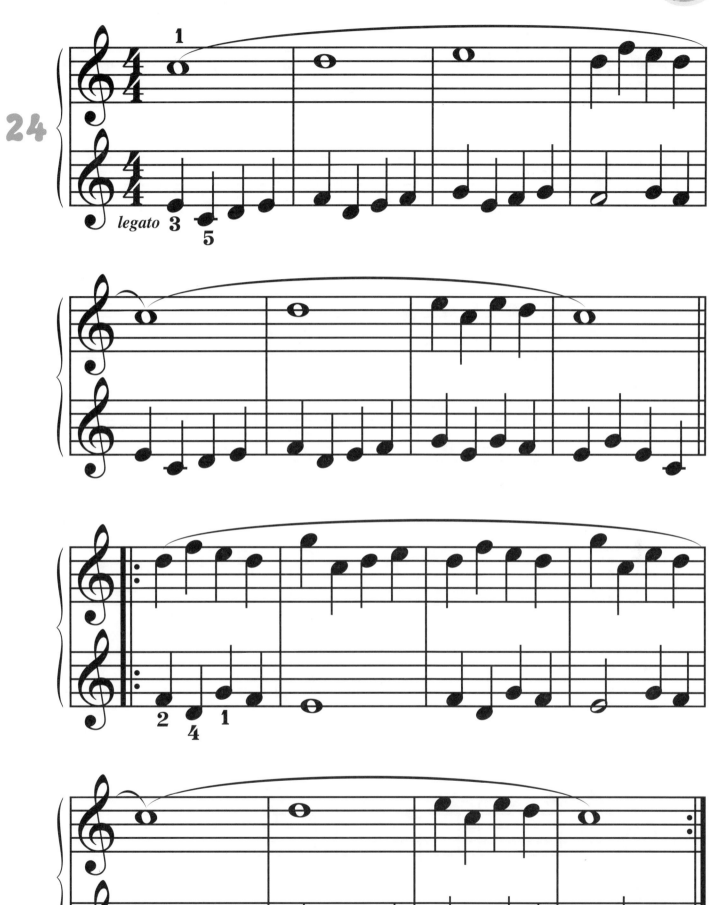

學生 STUDENT

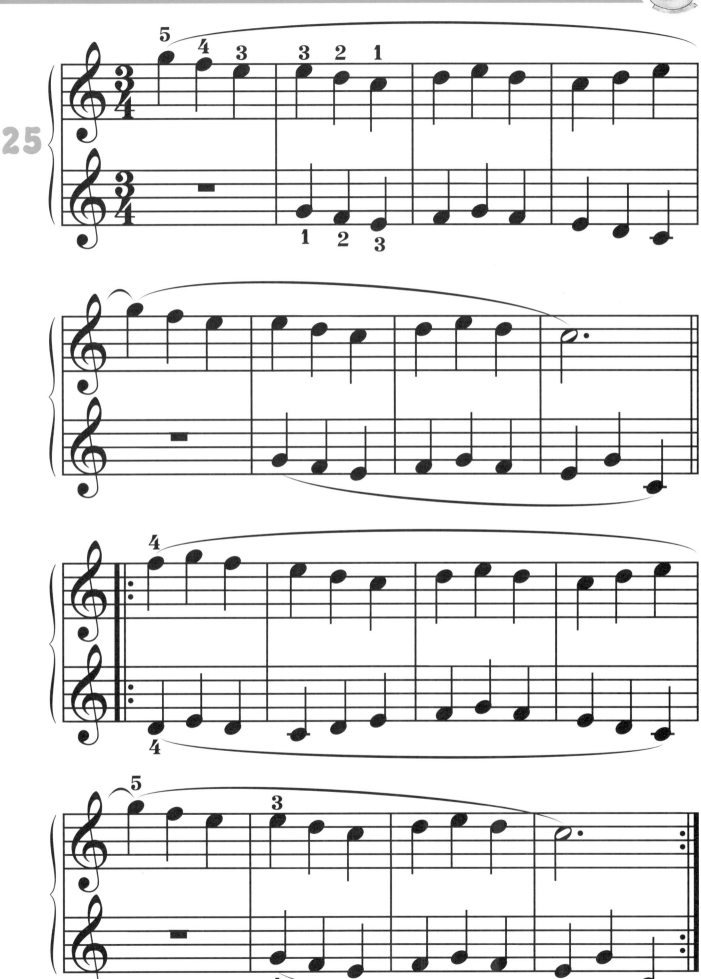

25

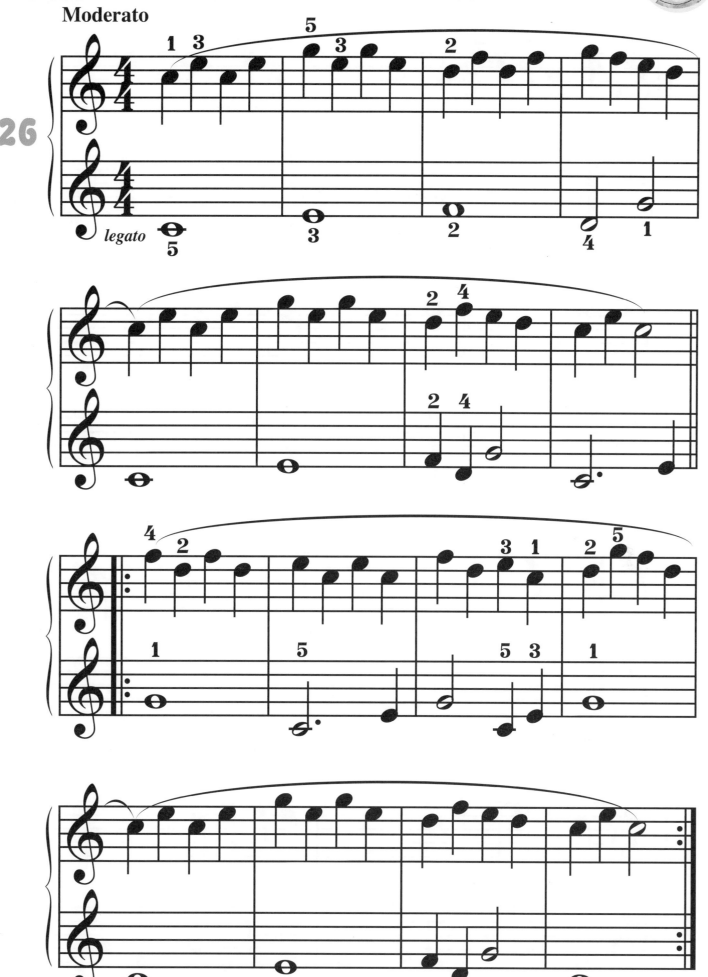

學生 *STUDENT*

Moderato

legato

© 2012 Vision Quest Publishing Inc., Ltd.

41

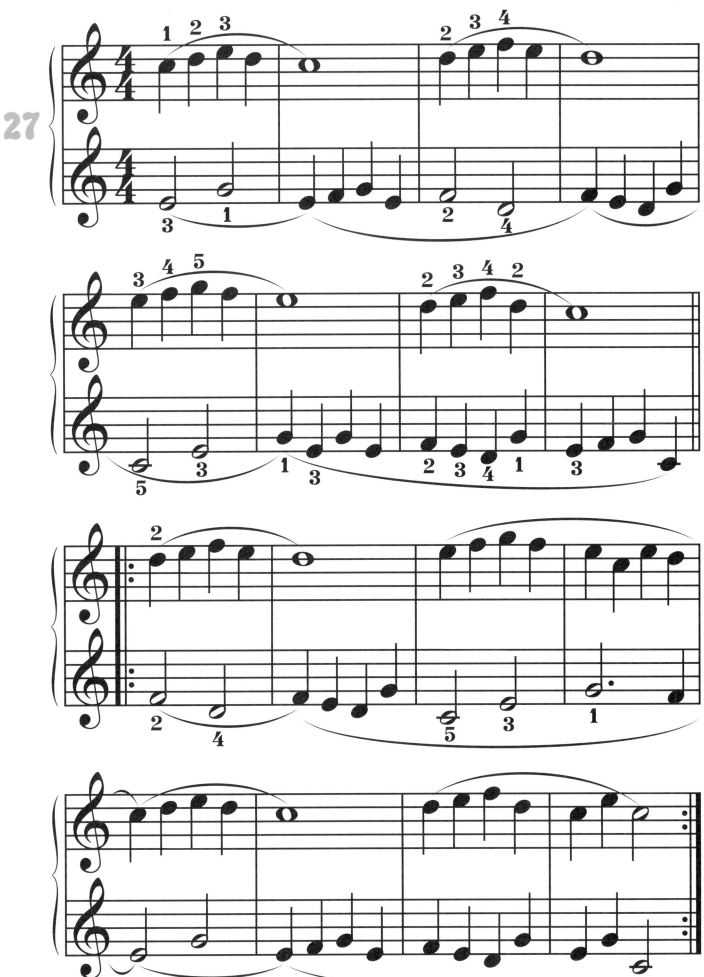

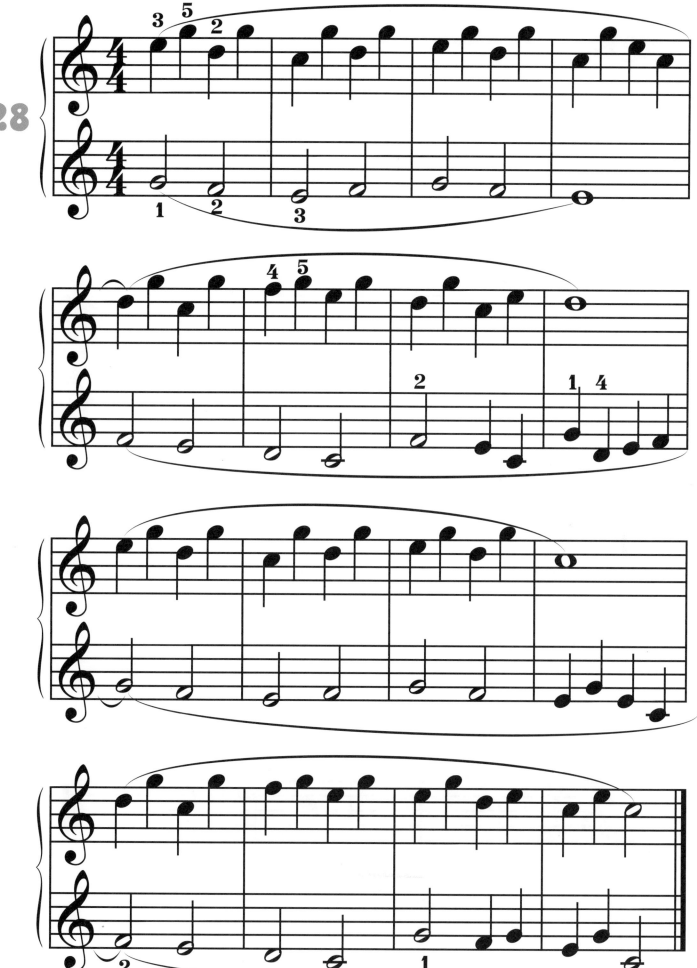

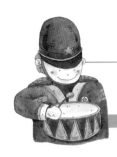

連結線

連結兩個相同音高的音符，使音符長度增加的圓弧線稱為「連結線」。

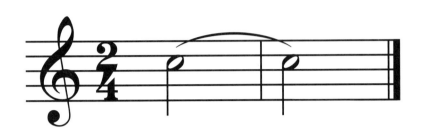

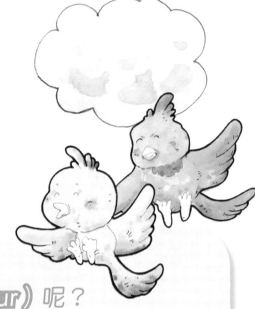

怎麼分辨 **連結線 (tie)** 和 **圓滑線 (slur)** 呢？

連結線 只能連結兩個音，而且必須是同音高。

圓滑線 是包含兩個音以上，而且音高不相同的音符。

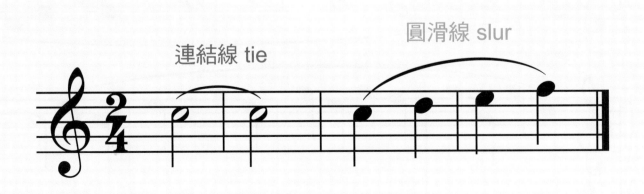

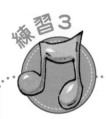

練習3

寫寫看是 **t**（連結線）還是 **s**（圓滑線）？

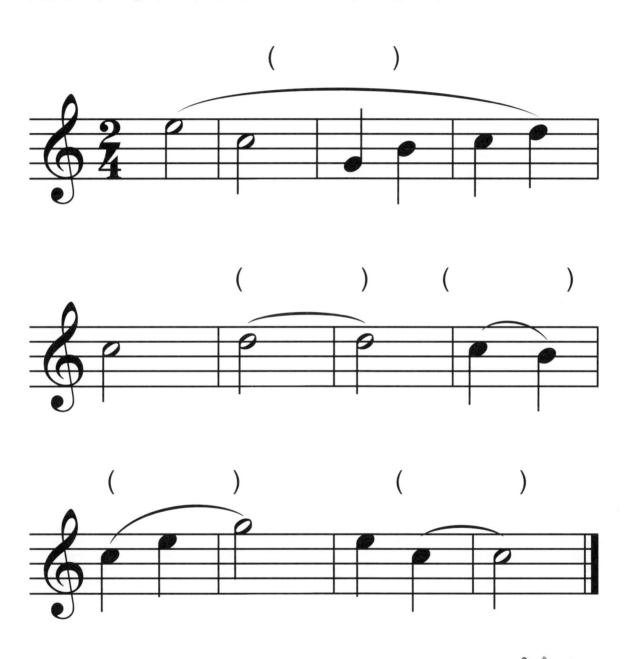

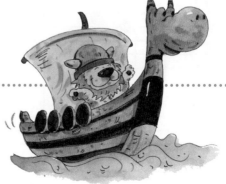

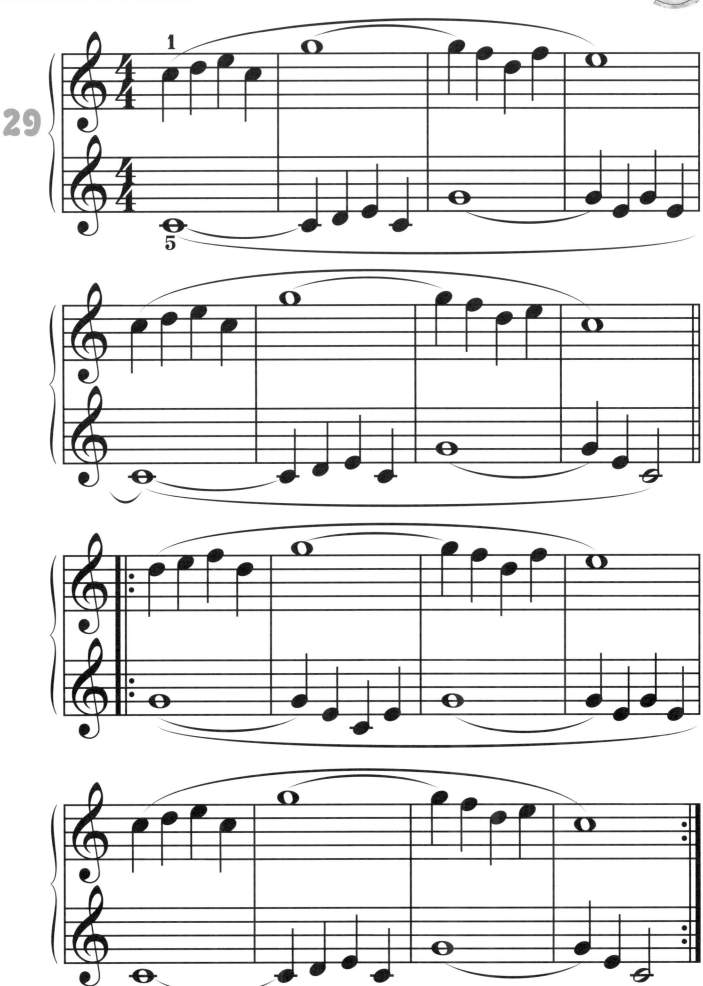

© 2012 Vision Quest Publishing Inc., Ltd.

30

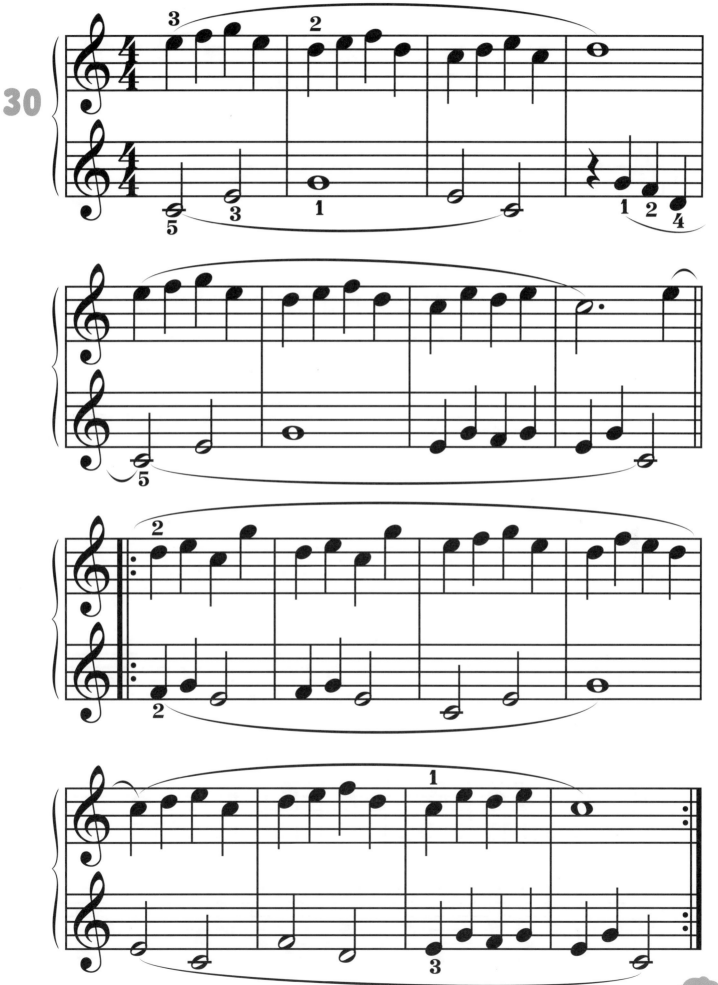

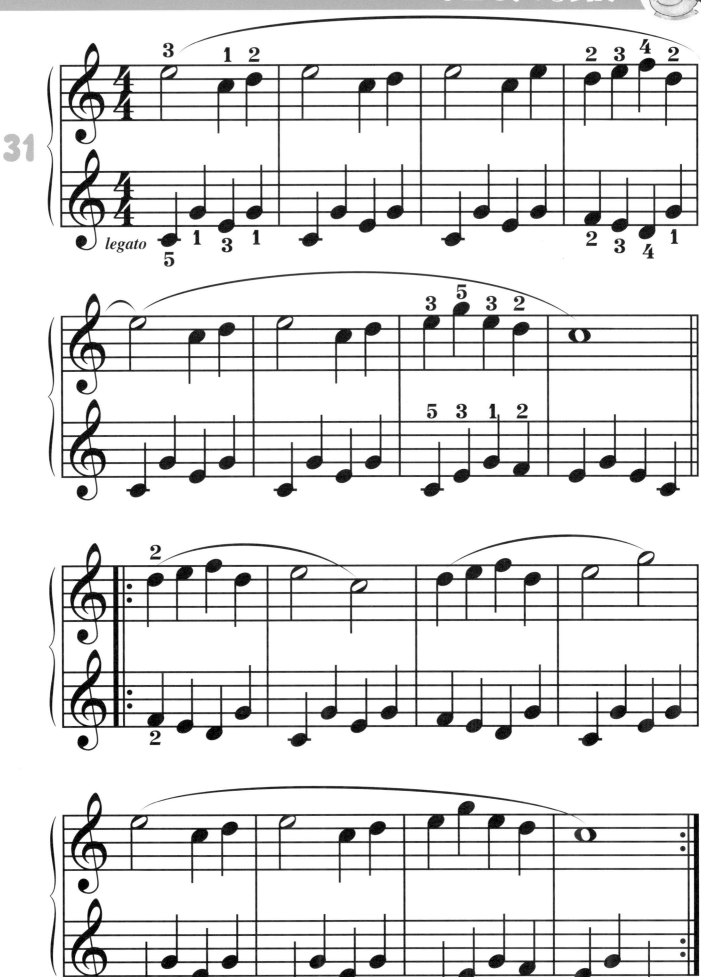

© 2012 Vision Quest Publishing Inc., Ltd.

Playtime

陪伴鋼琴系列

拜爾併用曲集

1～5

何真真、劉怡君 編著

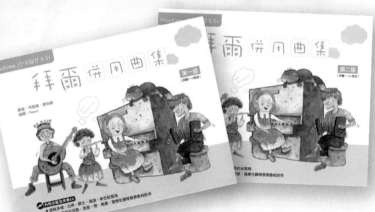

拜爾併用曲集（一）（二）
特菊8開／附加CD／定價200元

· 本套書藉為配合拜爾及其他教本所發展出之併用教材。

· 每一首曲子皆附優美好聽的伴奏卡拉。

· CD 之音樂風格多樣，古典、爵士、搖滾、New Age……，給學生更寬廣的音樂視野。

· 每首 CD 曲子皆有前奏、間奏與尾奏設計完整，是學生鋼琴發表會的良伴。

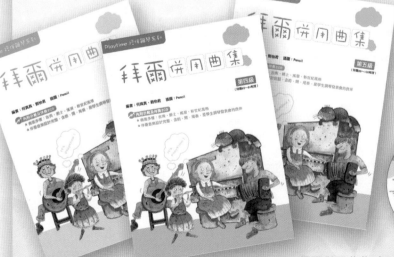

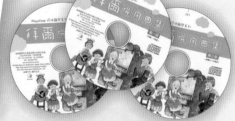

拜爾併用曲集（三）（四）（五）
特菊8開／附加2CD／定價250元

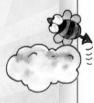

麥書國際文化事業有限公司 發行
http://www.musicmusic.com.tw

郵政劃撥 / 17694713　戶名 / 麥書國際文化事業有限公司
詳情請洽吳小姐（02）23636166

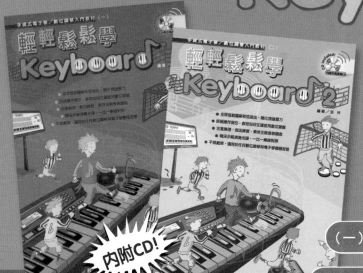

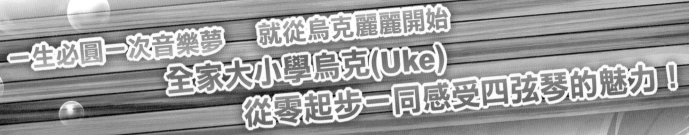

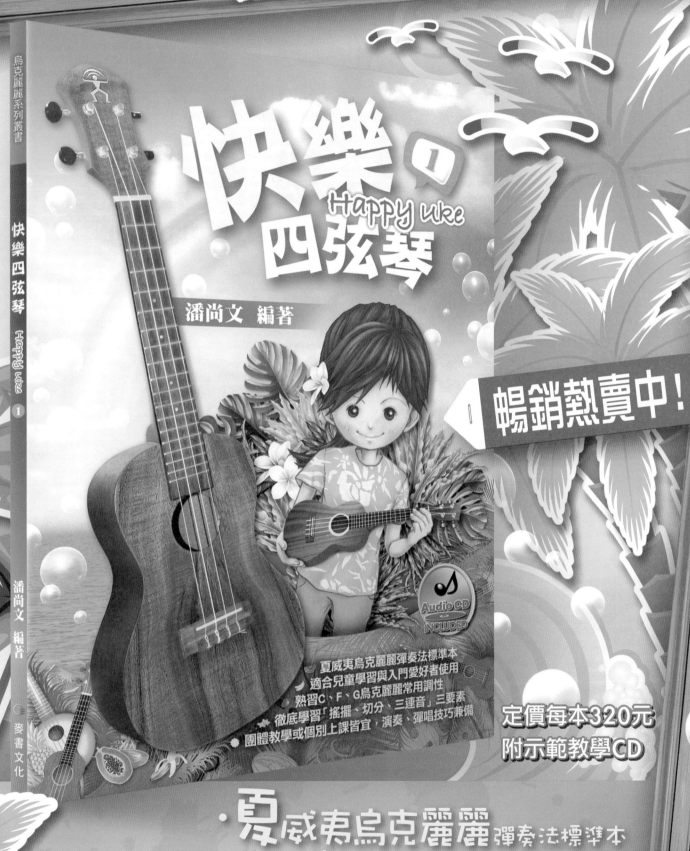

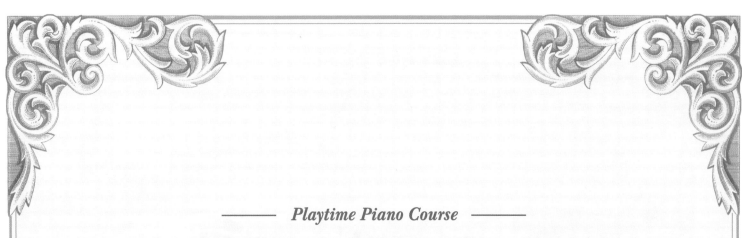

—— *Playtime Piano Course* ——

鋼琴晉級證書
Certificate Of Piano Performing

茲證明 學生
This certificate verifies

_____

已完成 **拜爾鋼琴教本 第二級** 課程
has completed the course of Playtime Piano Course Level 2

並取得進入第三級資格
and may proceed to Level 3

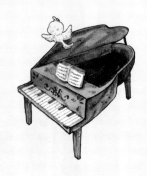

恭禧你！
Congratulations

老師 *teacher* _____

日期 *date* _____

麥書文化